Mit herzlichen Segenswünschen

Günter Helle

Trautes Heim

Vom Glück der Geborgenheit

Agentur des Rauhen Hauses Hamburg

*H*erzlichen Glückwunsch, altes Haus!", begrüßte mich mein älterer Bruder vor Jahren zu meinem Geburtstag. Eine geläufige Anrede unter Menschen, die sich seit Ewigkeiten kennen und miteinander vertraut sind, gewiss, aber auch irgendwie merkwürdig. Ich – ein altes Haus?

Aber wenn ich recht darüber nachdenke, gefällt mir der Gedanke gar nicht so schlecht: Ich – ein altes

Haus, wo es hier und da ein bisschen knarzt und scheppert. So mancher Sturm ist schon darüber hinweggegangen, aber es steht immer noch, denn es hat starke Mauern, ein solides Dach und ein festes Fundament.

Auch kann ich mir mein Leben als Haus vorstellen: Jeder Raum versinnbildlicht einen Abschnitt aus meiner Vergangenheit. Es gibt dunkle Kammern in diesem Haus: Das sind Erinnerungen an unangenehme Ereignisse, die vielleicht weit zurückliegen, sich aber in meinem Gedächtnis eingenistet haben. Daneben liegen helle, lichte Räume, in denen ich mich am liebsten aufhalte: Von schönen Erinnerungen zehren wir ein Leben lang!

Das Alter ist für mich kein Kerker, sondern ein Balkon, von dem man zugleich weiter und genauer sieht.

Marie Luise Kaschnitz

Manch ein Zimmer hat mehrere Türen – Entscheidungen, die ich treffen musste; und es gibt endlose Flure und steile Stiegen in meinem Lebenshaus und immer wieder Balkone mit weiter Aussicht und herrlich schattige Terrassen.

In unserer Sprache gibt es viele Begriffe und Redewendungen, die sich auf das Haus beziehen: In unserer Jugend haben wir Ideen gesponnen, die die Erwachsenen leichthin als „Wolkenkuckucksheim" abgetan haben. Wir dagegen hatten kein Verständnis für jene Stick-bilder, auf denen „Trautes Heim – Glück allein" zu lesen war und die in den Stuben unserer Eltern hingen. Längst sind wir jetzt in dem Alter, wo es gilt, das Haus zu bestellen.

„Bestelle dein Haus" – diese Redewendung steht wörtlich im Buch des Propheten Jesaja 38,1. Und im neutestamentlichen Gleichnis vom Hausbau sagt Jesus: „Wer diese meine Rede hört und tut sie, der gleicht einem klugen Mann, der sein Haus auf Fels baute." Auf Sand gebaut hat aber, wer sich die Lehre Jesu nicht zu Herzen nimmt (Matthäus 7,24-27).

„Herzlichen Glückwunsch, altes Haus!", hat mein älterer Bruder zu mir gesagt. Ich habe ihn stumm in den Arm genommen, erfüllt von Dankbarkeit für mein langes Leben. Dass ich darauf zurückblicken darf, ist sicherlich mein schönstes Geburtstagsgeschenk – jedes Jahr aufs Neue.

Fast ein Gebet

Wir haben ein Dach
und Brot im Fach
und Wasser im Haus,
da hält man's aus.

Und wir haben es warm
und haben ein Bett.
O Gott, dass doch jeder
das alles hätt'!

Reiner Kunze

Wenn ich als Kind bei meinen Großeltern war, kletterte ich am liebsten die Leiter zum Speicher hinauf und setzte mich an die Dachluke. Von hier oben hatte ich einen weiten Blick über das Städtchen. Und ich überlegte: Was wohl unter all diesen Dächern gerade passierte?

Hier vorn war ein Kind in sein Spiel vertieft, drüben vergoss ein anderes bittere Tränen, gleich nebenan wurde der Nachtisch aufgetragen. Dort hinten saß eine Frau auf der Gartenbank und schälte Äpfel. So blickte ich aus der Geborgenheit hinaus ins Leben. Lang ist's her.

*E*in festes Dach überm Kopf – das war den meisten Menschen der Bibel unbekannt. Sie lebten als Nomaden in Zelten wie Abraham mit seiner Familie; sie wanderten jahrzehntelang durch die Wüste wie das Volk Israel nach seinem Auszug aus Ägypten; oder der Ortswechsel wurde zur Grundbedingung ihres Lebens: „Die Füchse haben Gruben und die Vögel unter dem Himmel haben Nester; aber der Menschensohn hat nichts, wo er sein Haupt hinlege", sagt Jesus von sich selbst (Lukas 9,58).

Ein festes Dach überm Kopf ist für uns eine Selbstverständlichkeit. Vielleicht ist das der Grund, weshalb wir zum Beispiel den alttestamentlichen Jakob auf seiner langen Flucht schwer verstehen können. Von Anfang an war ihm der göttliche Segen zugesprochen, und trotzdem feilscht und verhandelt er mit Gott und vergewissert sich auf Schritt und Tritt, dass dieser Zuspruch auch wirklich gültig bleibt und nichts und niemand ihn wieder von ihm nehmen kann.

Wer kein Dach überm Kopf hat, erlebt seine Schutzlosigkeit sicherlich viel unmittelbarer. Und umso drängender wird das Bedürfnis nach Gottes Geleit. Denn Gott allein verheißt mit seiner immer gültigen Zusage, dass jeder Einzelne von uns ihm wichtig ist und wir uns bei ihm bewahrt wissen dürfen. Wer darauf vertraut, der kann sich rundum sicher und geborgen fühlen.

Während einer Reise fand ein Weiser für die Nacht Unterkunft bei einem strenggläubigen Mitglied der Gemeinde.

Das Dach knarrte und ächzte in allen Fugen. Der fromme Hausherr wusste die Verwunderung und Sorge in der Miene seines Gastes zu deuten. Er erklärte: „Keine Angst. Unter diesem Dach werden Sie ruhig schlafen. Es knackt nur laut zum Lobe Gottes."

Da sagte der Weise: „So ein frommes Dach ist nicht hoch genug zu loben. Möge es aber gerade in dieser Nacht nicht so gottgefällig sein wollen, dass es sich vor Gott niederwirft."

Überliefert

Die Barmherzigkeit Gottes
ist wie der Himmel,
der stets über uns fest bleibt.
Unter diesem Dach
sind wir sicher,
wo auch immer wir sind.

Martin Luther

*D*er Tisch ist der unausgesprochene Mittelpunkt des Hauses. Er ist der Ort, an dem sich alle versammeln – nicht nur zu den Mahlzeiten, sondern auch, wenn es etwas zu besprechen gibt.

Der Tisch ist sprichwörtlich: Am runden Tisch verhandeln wir auf Augenhöhe, denn hier sitzt keiner „oben" oder „unten". Was am grünen Tisch beschlossen wird, ist meist lebensfern und realitätsfremd – in den Amtsstuben waren Schreibtische meist mit grünem

Filz bezogen. Manche fühlen sich über den Tisch gezogen, andere kehren etwas unter den Tisch. Reinen Tisch machen bedeutet Klarheit schaffen; und wenn das Tischtuch zerschnitten ist, haben wir uns nichts mehr zu sagen.

In der Bibel ist der Tisch Ort der Gastfreundschaft und des Gesprächs. Hier lehrt Jesus die Menschen und pflegt die Gemeinschaft mit den Ausgestoßenen der Gesellschaft. Vor allem ist der Tisch ein Ort der Versöhnung – der Apostel Paulus spricht ausdrücklich vom „Tisch des Herrn" (1. Korinther 10,21). Am Altar, den die reformierten Christen Altartisch nennen, empfangen wir das Abendmahl, auf ihn ist der Kirchenraum ausgerichtet.

Trautes Heim – Glück allein". Auch ich besaß eins dieser Stickbilder. Es war ein Erinnerungsstück noch von meiner Großmutter, genauso wie der große Küchentisch, den ich von ihr übernommen hatte.

Unter diesem Bild und an diesem Tisch fand unser Familienleben statt, mit allem Wohl und Wehe. Ich erinnere mich an einen schlimmen Streit, den ich erst zu schlichten versuchte und dann stumm ertrug – mit dem flehentlichen Gedanken: „Wenn das doch nur endlich aufhören würde!"

Karl war wieder mit Georg aneinandergeraten, bis der wütend aufsprang und die Wohnung verließ. „... Solang der Herr Sohn die Beine unter meinen Tisch streckt!", rief ihm Karl noch hinterher. Trautes Heim. Was war nur in die beiden gefahren, dass sie so heftig aneinandergeraten mussten!?

Abends kam Georg zurück. Stumm setzte er sich an den Tisch. Karl war hinter seiner Zeitung verschwunden. Nach einer Weile sagte Georg: „Es tut mir leid." – Kein Mucks von Karl. – „Ich wollte das nicht, bitte, Vater. Lass uns friedlich darüber reden."

Karl legte die Zeitung weg. „Ich", sagte er, räusperte sich umständlich und setzte dann noch einmal an: „Ich habe mich zu entschuldigen, das war ungerecht von mir." Dann streckte er die Hand aus – quer über den

Tisch. Georg ergriff sie und hielt sie eine ganze Weile lang fest.

Trautes Heim: Georg hat dann tatsächlich seine Ausbildung beendet, und Karl hat tatsächlich nachgegeben und erlaubt, dass Georgs Freundin bei uns übernachten durfte. Zugegeben, ich musste schon ein bisschen nachhelfen …

Längst sitzen unsere Enkelkinder am großen Tisch; sie erzählen und lauschen unseren Erzählungen, sie spielen, lachen und weinen, sie zanken und vertragen sich dann wieder. So ist das Leben, mit allem Wohl und Wehe, auch in unserem trauten Heim, an unserem Tisch, der schon so viel erlebt hat.

Und es werden kommen
von Osten und von Westen,
von Norden und von Süden,
die zu Tisch sitzen werden
im Reich Gottes.

Lukas-Evangelium 13,29

*E*in Haus ohne Fenster und Türen ist kein Haus. So, wie unsere Augen als Fenster der Seele gelten, verraten auch Fenster viel über die, die dahinter leben. Üppiger Blumenschmuck drückt etwas anderes aus als ein heruntergelassener Rollladen, ein „Willkommen"-Schild spricht eine andere Sprache als eine Haustür, deren Klingel nicht einmal den Namen der Bewohner preisgibt. Am Türsturz

wurde früher oft der Haussegen angebracht. Noch heute zeichnen die Sternsinger „C + M + B" an die Eingangstür, das lateinische Kürzel für: Christus segne dieses Haus.

Ich liebe mein Fenster. Licht kommt herein, die Sonne erwärmt die Fensterbank, und ich kann die Welt draußen sehen. Bei alledem fühle ich mich vertraut und geborgen. Ich kann, aber ich muss nicht hinaus; so oder so nehme ich Anteil am Leben draußen.

Das wünsche ich mir und uns allen: dass wir immer ganz bei uns und dabei doch in der Welt sein dürfen, mit Freude und Dankbarkeit – und vielleicht auch ein bisschen neugierig.

Verheißung

Menschen
die aus der Hoffnung leben
sehen weiter

Menschen
die aus der Liebe leben
sehen tiefer

Menschen
die aus dem Glauben leben
sehen alles
in einem anderen Licht

Lothar Zenetti

Als wir noch jung waren, sahen wir vor uns die Zukunft wie durch ein weit geöffnetes Scheunentor. Wir überschritten die Schwelle des elterlichen Hauses und traten in unser eigenes Leben. Unterwegs haben sich manche Türen geöffnet, andere blieben uns verschlossen.

Gläubige Menschen wissen: Eine Tür ist immer offen; mehr noch – Jesus bezeichnet sich selbst als Tür: „Wenn jemand durch mich hineingeht, wird er selig werden" (Johannes 10,9). In seinem Gleichnis vom verlorenen Sohn erzählt er, wie ein junger Mann in der Fremde sein Erbteil verjubelt und am Ende Hunger leidet. Er macht sich reumütig auf den Weg nach Hause und bittet seinen Vater, ihn als Tagelöh-

ner zu beschäftigen. Der aber nimmt ihn wieder in die Familie auf, schließt ihn in die Arme und feiert ein Freudenfest. Gott, so die landläufige Deutung, nimmt auch den Sünder wieder an, wenn er nur umkehrt.

Der ältere Bruder, der zu Hause geblieben war, ist verstimmt. Er rechnet seinen Gehorsam gegen die Verfehlungen des Jüngeren auf. Doch Recht und Barmherzigkeit zu definieren, ist allein Sache des Hausvorstands, des Vaters. Und dessen Sichtweise ist nicht von dieser Welt. Er gibt uns eine Ahnung vom göttlichen Freudenfest, das wir feiern, wenn alle versöhnt sind und den Weg des Lebens gefunden haben.

Zwei Mönche fanden in einem alten Buch die Verheißung: Am Ende der Welt sei ein Ort, da Himmel und Erde einander berühren. Dort sei eine Tür, und wer mit reinen Händen anklopfe, dem werde aufgetan.

So verließen sie ihr Kloster und machten sich auf den Weg. Auf ihrer Wanderung ans Ende der Welt ertrugen sie die tausend Leiden des Unterwegsseins und wurden darüber müde und alt. Eines Tages waren sie am Ziel. Sie klopften an die Tür und sie tat sich auf.

Und siehe, sie fanden sich in der Zelle ihres Klosters wieder, aus dem sie vor langer Zeit aufgebrochen waren. Auf dem Tisch lag die Bibel aufgeschlagen, und die Glocke rief zum Gebet.

Segen für alle Tage

Gott behüte dich also.
Er segne die Wände deines Hauses,
die dich vor dem Wind
und vor der Angst schützen.

Er segne das Dach,
das den Regen abwehrt und alle Drohung.
Er segne den Fußboden,
der deinem Tritt Festigkeit gibt.
Er segne das Feuer in deinem Haus,
das dich bewahrt vor der Kälte
und vor der Verlassenheit.

Er segne die Bank und deinen Tisch,
an dem du das Brot findest und den Wein.
Er segne deine Fenster
und sende dir viel Licht und freien Blick.
Er segne deine Tür,
sodass die Kommenden bei dir
ein gutes Willkommen finden
und einen Menschen,
der ihnen ohne Angst begegnet.

Er segne, liebe Freundin, lieber Freund,
dein Weggehen und dein Heimkommen
jeden Morgen, jeden Abend,
heute und morgen und für immer.

Jörg Zink

Gebet

Guter Gott,
so lange schon
hältst du deine Hand über mir
wie ein schützendes Dach.
Bei dir bin ich geborgen.
Dafür danke ich dir.

Ich bitte dich:
Hilf mir und allen Menschen,
die Türen zueinander offen zu halten.
Bewahre unser Lebenshaus, deine Welt,
für unsere Nachkommen.
Und bleib an meiner Seite,
damit ich zu dir nach Hause finde.
Amen.

Textnachweis

Seite 13: Reiner Kunze, Fast ein Gebet,
aus: Ders., Wohin der Schlaf sich schlafen legt, © S. Fischer Verlag, Frankfurt am Main 1991

Seite 37: Lothar Zenetti, Verheißung,
aus: Ders., Leben liegt in der Luft. Worte der Hoffnung (Topos Taschenbücher, Band 874),
© Matthias Grünewald Verlag der Schwabenverlag AG, Ostfildern 2014

Seite 44: Jörg Zink, Gott behüte dich also,
aus: Ders., Ein Segen für Dich, © Kreuz Verlag, Stuttgart 1996

Das Bibelzitat Seite 32 ist entnommen aus: Lutherbibel, revidierter Text 2017.
© 2016 Deutsche Bibelgesellschaft, Stuttgart.

Da die Texte für diesen Band über einen längeren Zeitraum hinweg gesammelt wurden, ist es uns möglicherweise nicht in allen Fällen gelungen, die derzeitigen Rechteinhaber zu ermitteln. Ggf. bitten wir Urheber oder Verlage, mit uns Verbindung aufzunehmen.

Bildnachweis

Titel: Fachwerkhäuser in Colmar, Elsass, © Annette Schindler; **Seite 4 und 5:** © fottoo/stock.adobe.com; **Seite 7:** © günther gumhold/pixelio; **Seite 8:** © jkraft5/stock.adobe.com; **Seite 11:** Berggasthaus Aescher, Alpstein, Schweiz, © VRD/Fotolia.com; **Seite 12/13:** © Rob Otter/pixelio; **Seite 14 und 15:** Altstadt von Quedlinburg, Harz, © corinnah/Fotolia.com; **Seite 16:** © mirpic/Fotolia.com; **Seite 19:** Berghütte in den Walliser Alpen, Schweiz, © franzeldr/Fotolia.com; **Seite 20:** Gasse in Colmar, Elsass, © Boris Stroujko/Fotolia.com; **Seite 22/23:** Dachlandschaft im Paulusviertel, Halle/Saale, © nuwanda/Fotolia.com; **Seite 24/25:** © Katharina Wieland Müller/pixelio; **Seite 27:** Altar der Ev. Christus-Kirche in Beckum, © Karsten Dittmann/pixelio; **Seite 31:** © iStockphoto.com/HIgs2006; **Seite 32/33:** Spitze des Domturms in Utrecht, Niederlande, © bringolo/Fotolia.com; **Seite 34 und 35:** © Thomas Max Müller/pixelio; **Seite 39:** Bauernhaustor bei Helpup, Lippe, © Martin Debus/Fotolia.com; **Seite 40:** © iStockphoto.com/Pinopic; **Seite 43:** Abtei Saint-Maurice, Wallis, Schweiz, © tauav/Fotolia.com; **Seite 46/47:** Rostockpanorama am Warnow-Ufer, © eplisterra/Fotolia.com

© Agentur des Rauhen Hauses Hamburg 2018

Printed in Germany
Satz und Gestaltung: Anne Kuhn, Ludwigsburg

Kartonierte Ausgabe: ISBN 978-3-7600-0931-5 • Best.-Nr. 1 0931-5
Gebundene Ausgabe: ISBN 978-3-7600-1932-1 • Best.-Nr. 1 1932-1